Inhalt

Solarindustrie - Zukunftsbranche mit Durchhänger

Kernthesen

Beitrag

Fallbeispiele

Zahlen und Fakten

Weiterführende Literatur

Impressum

GENIOS BranchenWissen Nr. 03/2009 vom 23.03.2009

Solarindustrie - Zukunftsbranche mit Durchhänger

Autor GENIOS BranchenWissen: A.Schneider

Kernthesen

- Die deutschen Branchenführer Q-Cells, Solon und Ersol absolvierten 2008 erneut ein blendendes Geschäftsjahr; im laufenden Jahr wird das Umsatzwachstum weitaus schwächer ausfallen. Am langfristig hohen Potenzial der Sonnenenergie ändert das nichts.
- Jetzt steht der Branche erst einmal eine Konsolidierung bevor. Die Zahl der Anbieter wird sich voraussichtlich deutlich reduzieren und Fusionen sind zu erwarten. So kursieren bereits Gerüchte um ein mögliches Zusammengehen von Q-Cells

mit dem norwegischen Konkurrenten Renewable Energy Corporation.
- Die Produktionskapazitäten wurden in den vergangenen Jahren hochgefahren, doch jetzt sinkt die Nachfrage, die Preise rutschen, die Kunden verhandeln ihre bereits abgeschlossenen Verträge neu. Das drückt auf die Margen der Hersteller.

Beitrag

Der März verheißt Frühlingserwachen und wärmende Sonne, doch noch ist der Himmel oft grau und trüb. Auch der Solarbranche werden dieses Jahr düstere Zeiten prophezeit: Beobachter kündigen Pleiten und Fusionen an, die Wirtschaftskrise beschleunigt die anstehende Branchenkonsolidierung.

Solarbranche bestätigt die guten Erwartungen für 2008, bangt jedoch um 2009

Die deutsche Solarszene hatte in den vergangenen Jahren jeden Grund zum Feiern: Die Zahl der Solarmodulproduzenten und Zulieferer stieg innerhalb von drei Jahren von 50 auf mehr als 130 im

Jahr 2008. Der Umsatz aller Unternehmen kletterte von drei auf geschätzte acht Milliarden Euro. Die Solarwirtschaft beschäftigt heute rund 48 000 Menschen. Die Exportquote liegt bei 46 Prozent. (1)

Die Branchenführer warteten für 2008 noch mit fantastischen Geschäftszahlen auf. Der Top Seller Q-Cells mit Sitz in Thalheim (Sachsen-Anhalt) machte nach vorläufigen Angaben 2008 einen Umsatz von 1,25 Milliarden Euro, 46 Prozent mehr als 2007. Der Jahresüberschuss erhöhte sich um rund 28 Prozent auf 190,5 Millionen Euro. [Abb.1]
Die Berliner Solon meldete für 2008 einen Umsatzsprung von 62 Prozent auf 815 Millionen Euro. Der operative Gewinn (Ebit) stieg gar um 70 Prozent auf 60 Millionen Euro.
Die Ersol Solar Energy AG mit Sitz in Erfurt meldete für 2008 ein Ergebnis vor Zinsen und Steuern von 70,7 Millionen Euro nach 22,3 Millionen Euro im Jahr 2007. Der Umsatz verdoppelte sich nahezu von 160,2 Millionen auf 309,6 Millionen Euro.

Doch für das laufende Jahr 2009 erwarten die Solarzellenproduzenten ein weitaus schwächeres Umsatzwachstum als bisher angenommen. Q-Cells musste die aktuelle Umsatzprognose für 2009 bereits zum zweiten Mal senken. Das Unternehmen erwartet nur noch Erlöse zwischen 1,7 und 2,1 Milliarden Euro. Im Dezember hatte der Solarkonzern die

Umsatzerwartung auf 1,75 bis 2,25 Milliarden Euro korrigiert. Es kursieren Gerüchte über eine mögliche Fusion von Q-Cells mit dem norwegischen Konkurrenten Renewable Energy Corporation. (2) Solon wagt momentan überhaupt keine Umsatzprognose, will sich erst wieder Mitte des Jahres dazu äußern, geht aber nicht mehr davon aus, die angestrebte Umsatzmilliarde zu erreichen. Kurzarbeit steht wohl ins Haus.
Ersol hält zwar nach wie vor an einem angepeilten Umsatzwachstum auf 420 Millionen Euro fest, sieht aber auch das Wachstum aufgrund der Krise abgeschwächt. (3)

Die Branche steht also unter Druck. Und das nicht nur hierzulande, sondern weltweit. Die erfolgsverwöhnten Solarunternehmen müssen seit dem vierten Quartal des vergangenen Jahres deutliche Geschäftseinbußen hinnehmen. Die Solarindustrie stößt an die Grenzen ihres Wachstums. Zellen- und Waferhersteller, Modulproduzenten und Anlagenbauer rechnen für 2009 mit herben Auftragsrückgängen.

Die Anlagenhersteller für Solarzellen-Fabriken müssen laut dem US-Marktforschungsunternehmen "VLSI Research Inc." in diesem Jahr mit herben Auftragsrückgängen rechnen. Der weltweite Umsatz mit Produktionsanlagen für Solarzellen und Module werde um etwa acht Prozent auf knapp vier Milliarden Dollar (2,8 Milliarden Euro) schrumpfen. "VLSI Research" rechnet damit, dass vor allem Fertigungslinien für monokristalline Wafer-Zellen weniger gefragt werden sein werden, während Anbieter für Dünnschicht-Solarzellen sogar mit einer steigenden Nachfrage rechnen können. (4)

Die Stolpersteine

Was ist los? Einige Entwicklungen erwischen die Solarhersteller auf dem falschen Fuß und werden für etliche wohl zu regelrechten Stolpersteinen.
Die Finanz- und Wirtschaftskrise wirft auch auf die Solarunternehmen ihre Schatten. Die Branche braucht Kapital. Viele Photovoltaik-Projekte sind zu 70 bis 80 Prozent fremdfinanziert. Doch inzwischen geizen die Banken mit Kapital und wollen Fabriken für Solarmodule oder stromproduzierende Solarkraftwerke nicht mehr bereitwillig finanzieren. Projekte werden demzufolge verschoben, da die Finanzierung nicht gesichert ist. Die in Deutschland vorherrschenden Solaranlagen auf Hausdächern sind von der Finanzkrise weniger betroffen.

Die Preise für Solarzellen und Module verfallen seit Anfang des Jahres ganz rapide. 2009 und 2010 werden die Preise für Solarmodule zwischen zehn und zwanzig Prozent sinken, so erwartet es die Branche. Bis vor wenigen Monaten war der Rohstoff Silizium ein knappes Gut und die weltweite Zahl der Solarfabriken reichte nicht aus, um die Nachfrage zu stillen. Das hat sich geändert. In den vergangenen Jahren wurden weltweit massiv Produktionskapazitäten aufgebaut, vor allem in Asien. In der weltweiten Solarzellenproduktion liefern sich Europa und China inzwischen nahezu ein Kopf-an-Kopf-Rennen. Heute gibt es ein Überangebot an Solarfabriken. Der Preis für Silizium fällt. [Abb.2]

Seit Einsetzen der Wirtschaftskrise ging die Nachfrage nach Solaranlagen deutlich zurück. Dies beschleunigt den Preisverfall; etliche Kunden verhandeln ihre Verträge neu, und die Hersteller gewähren sogar Preisnachlässe auf bereits abgeschlossene Liefermengen. Dies erhöht den Druck auf die Gewinnmargen der Unternehmen. Etliche kleinere Solarunternehmen, die die Module quasi noch per Hand zusammenbauen und nur fünf Prozent Marge machen, werden aus dem Markt gedrängt werden. Auch chinesischen Billiganbietern, die die geforderte Qualität nicht liefern, werden schlechte Chancen eingeräumt. Die traditionelle Industrie beginnt, sich in die Solarindustrie einzukaufen. Dies zeigt das Beispiel des Einstiegs von Bosch bei Ersol. Auch von General Electric oder

Siemens wird seit längerem vermutet, dass sie sich interessante Unternehmen bei günstiger Marktlage greifen könnten. (5)

Der Wachstumsmarkt Spanien ist massiv eingebrochen, da die Regierung den Bau neuer Anlagen auf ein sehr niedriges Niveau begrenzt hat. Dort wurden im vergangenen Jahr nach Schätzungen noch Anlagen mit einer Gesamtkapazität von zwei Gigawatt gefördert. In diesem Jahr sollen dagegen nur noch 500 Megawatt staatlich unterstützt werden. Im vergangenen Jahr war Spanien der Wachstumsträger allererster Güte gewesen und hatte erheblich dazu beigetragen, dass sich die Anzahl der Neuinstallationen von 2007 auf 2008 verdoppelt hatte. Die West LB rechnet damit, dass dieses Jahr die Neuinstallationen auf dem Niveau von weltweit vier Gigawatt stagnieren. Die Nachfrage aus den Vereinigten Staaten oder Japan kann dies noch nicht kompensieren. Allerdings geben die jüngsten Programme der amerikanischen und japanischen Regierung Anlass zur Hoffnung, dass sie künftig mehr Solarmodule einsetzen werden. (1)
Momentan ist Europa der große Regionalmarkt für Solarenergieinstallationen. Über 80 Prozent der 2008 weltweit neu installierten Solarzellenkapazität entfielen auf Europa. Dort wiederum führen Deutschland und Spanien mit einem Anteil von gemeinsam 84 Prozent am europäischen Markt. Diese

Entwicklung ist vor allem auf die gezielte Förderung durch die Regierungen der europäischen Länder sowie die starken Aktivitäten von Forschungseinrichtungen und Unternehmen in Europa in den vergangen zwei Jahrzehnten zurückzuführen.

Fazit

Auf mittlere Sicht wird der Photovoltaikmarkt zwar weiterhin wachsen, aber mit abgeschwächten etwa zehn Prozent pro Jahr. Langfristig bleibt das Potenzial riesig und wenn dann Strom aus Sonnenenergie genauso viel kostet wie Strom aus konventionellen Quellen, wird der Markt explodieren. Allerdings werden dann wohl nur noch zehn bis zwölf große Solarunternehmen auf der Welt übrig geblieben sein, darunter hoffentlich nach wie vor die drei deutschen Marktführer. Der aktuelle Preisverfall für Solaranlagen wird den weltweiten Ausbau der Sonnenergie sogar beschleunigen, denn Solarstrom kann nur wettbewerbsfähig werden, wenn er günstiger zu produzieren ist als heute. (6), (7)

Fallbeispiele

Die **CSG Solar AG** aus Thalheim bei Wolfen im Landkreis Bitterfeld, gegründet 2004, machte ebenfalls zum Jahresausklang 2008 Schlagzeilen: Die Nachfrage nach den Solarmodulen sei rapide gesunken, die Produktion werde daher eingestellt, 124 von 164 Beschäftigte werden entlassen bzw. an andere Unternehmen der Solarbranche vermittelt. (8)

Die Zulieferer stellen sich ebenfalls auf veränderte Marktbedingungen in 2009 ein. Der Solar- und LCD-Maschinenhersteller **Manz** hat im vergangenen Jahr Umsatz und Gewinn stärker als erwartet gesteigert. Das Unternehmen gab jedoch keinen konkreten Ausblick auf 2009. In Aisen wurden jedoch bereits 200 Mitarbeiter entlassen, in Deutschland werden Überstundenkonten abgebaut. Die Zusammenarbeit mit dem Zulieferer **Roth & Rau** soll verstärkt werden. Vor allem wollen die beiden künftig bei schlüsselfertigen Projekten intensiver zusammenarbeiten, um die Abstimmung beim Bau ganzer Produktionslinien zur Herstellung kristalliner Silizium-Solarzellen zu optimieren, um damit Marktanteile zu gewinnen und eine höhere Marge zu erzielen. Dabei liefern Roth & Rau Maschinen am Beginn der Produktionsstraße sowie die Software für die Steuerung des gesamten Fertigungsprozesses, während Manz aus Reutlingen für das komplette Back-End bis zu den Zellentestern zuständig sind. (9)

Der chinesische Solarkonzern **LDK Solar** wartete Anfang 2009 mit einer Gewinnwarnung auf. LDK ist weltweit einer der größten Hersteller für Solarwafer, aus denen Solarzellen und fertige Solarmodule hergestellt werden. Für das Jahr 2009 erwartet LDK geringere Absatzmengen und niedrigere Preise für die Wafer. Das Unternehmen rechnet jetzt mit einem Umsatz von 2,3 bis 2,5 Milliarden Dollar und einer Umsatzrendite von 22 bis 27 Prozent statt früher erwarteter 26 bis 31 Prozent. (10)

Und auch das chinesische Solarunternehmen **Suntech** senkte kürzlich mit dem Verweis auf eine Kreditklemme bei seinen Abnehmern die Prognose für das laufende Jahr. Ein großer Investor hingegen ist die arabische **Masdar-Gruppe** mit Sitz in den Vereinigten Arabischen Emiraten. Das Emirat will die futuristische Solarstadt Masdar in der Wüste bei Abu Dhabi errichten und braucht dazu über 87 777 Solarpaneele. Das deutsche Thüringen soll profitieren. Für rund 150 Millionen Euro will die Masdar-Gruppe eine neue Fertigungsstätte für Dünnschichtsolarmodule südlich von Erfurt errichten. Das von einem Staatsfonds finanzierte Werk schafft 180 Arbeitsplätze und ist für eine Jahreskapazität von 70 Megawatt ausgelegt. Auf lange Sicht ist eine Kapazitätserhöhung auf 280 Megawatt geplant, die Beschäftigtenzahl soll auf 600 steigen. (11)

Zahlen & Fakten

Top 10 Hersteller von Solarzellen 2006 und 2007

Rang	Hersteller	Land	2007 in Megawatt	2006 in Megawatt
1	Q-Cells AG	Deutschland	386	253
2	Sharp	Japan	363	434
3	Suntech	China	327	157
4	Kyocera	Japan	207	180
5	FirstSolar	USA	207	60
6	Motech, Taiwan	Taiwan	196	102
7	Sanyo	Japan	165	155
8	SunPower	USA	150	62
9	Yingli	China	143	35
10	SolarWorld AG	Deutschland	130	86

GBI-Genios Grafik

Quelle: 2008 PV News

Entnommen aus: Wirtschaftswoche, 47/2008, S. 72

Weltweite Solarzellenproduktion 2008

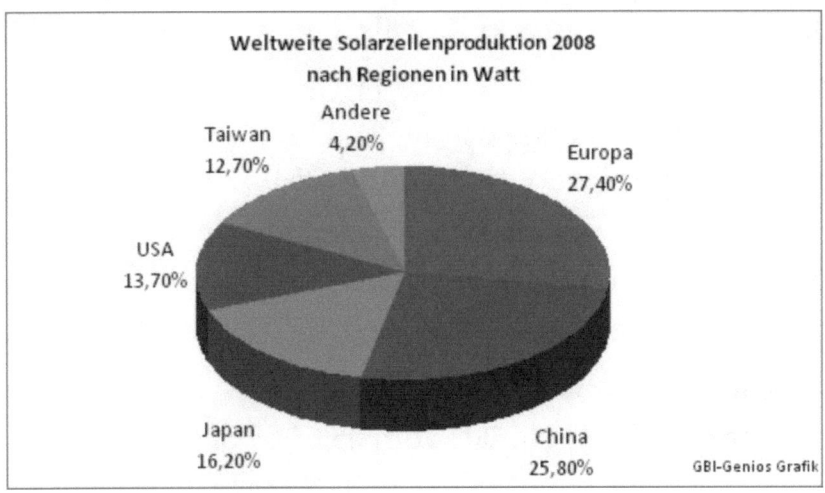

Quelle: iSuppli

Entnommen aus: Elektronikpraxis, 05.03.2009

Weiterführende Literatur

(1) Sonnenuntergang // Die deutschen Solarunternehmen spüren die Krise und scheuen den Ausblick. Doch es gibt auch Hoffnungsschimmer aus Der Tagesspiegel Nr. 20185 VOM 25.02.2009 SEITE 015

(2) Q-Cells kürzt Prognose für 2009 leicht ein

Spekulationen über Zusammengehen mit REC treiben Aktie - Solarzellenproduzent sichert sich Finanzierung
aus Börsen-Zeitung, 25.02.2009, Nummer 38, Seite 11

(3) O.V., Solarbranche erwartet Umsatzrückgang, LVZ/Leipziger-Volkszeitung, 25.02.2009, S. 8
aus LVZ/Leipziger-Volkszeitung, 25.02.2009, S. 8

(4) Q-Cells und Ersol gehen von schwächerem Wachstum in diesem Jahr aus
aus LVZ/Leipziger-Volkszeitung, 25.02.2009, S. 6

(5) Kaufkurse
aus Handelsblatt Nr. 002 vom 05.01.09 Seite 8

(6) Scharfe Auslese in der Solarbranche
aus Frankfurter Allgemeine Zeitung, 12.01.2009, Nr. 9, S. 13

(7) Solarbranche steht weltweit vor Auslese Überkapazitäten und Preisverfall belasten Anbieter · Q-Cells, Ersol und Solon senken Ausblicke · Konsolidierung steht bevor
aus Financial Times Deutschland vom 25.02.2009, Seite 5

(8) Solarfirma CSG Solar stellt die Produktion ein
aus Handelsblatt Nr. 250 vom 29.12.08 Seite 17

(9) Solarfirmen Manz und Roth & Rau kooperieren Gemeinsam gegen Marktabschwächung - Solarworld will sinkende Margen mit mehr Erlösen ausgleichen
aus Börsen-Zeitung, 20.01.2009, Nummer 12, Seite 11

(10) Solarbranche senkt die Prognosen
aus Handelsblatt Nr. 004 vom 07.01.09 Seite 16

(11) Solarbranche bleibt stabil - Ersol legt solide Zahlen vor / Thüringer Unternehmen...
aus Thüringer Allgemeine vom 25.02.09 Seite TCWI125

Impressum

Solarindustrie - Zukunftsbranche mit Durchhänger

Bibliografische Information der deutschen Nationalbibliothek

Die Deutsche Nationalbibliothek verzeichnet diese Publikation in der deutschen Nationalbibliografie; detaillierte bibliografische Daten sind im Internet über http://dnb.d-nb.de abrufbar.

ISBN: 978-3-7379-2364-4

© 2015 GBI-Genios Deutsche Wirtschaftsdatenbank GmbH, Freischützstraße 96, 81927 München, www.genios.de

Alle Rechte vorbehalten. Dieses Werk ist einschließlich aller seiner Teile – z.B. Texte, Tabellen und Grafiken - urheberrechtlich geschützt. Jede Verwertung außerhalb der Grenzen des Urheberrechtsgesetzes bedarf der vorherigen Zustimmung des Verlags. Dies gilt insbesondere auch für auszugsweise Nachdrucke, fotomechanische Vervielfältigungen (Fotokopie/Mikroskopie), Übersetzungen, Auswertungen durch Datenbanken oder ähnliche Einrichtungen und die Einspeicherung und Verarbeitung in elektronischen Systemen.